風水＆守護龍占いで
超開運

龍神なぞり描き

愛新覚羅ゆうはん 監修
龍神画家 弥 生 作画

日本文芸社

あなたを幸運に導く「龍神なぞり描き」

龍神さまとカンタンにつながる方法

古代中国で神獣《しんじゅう》として生まれた「龍」は、この世には存在しない生き物です。でも、私たちは古くから、様々なところに龍を神とする龍神を感じてきました。

新しい季節を告げる風、刻々と形を変える雲、雲の間から差し込む美しい太陽の光、穏やかに流れる小川、自然の驚異を感じさせる嵐の日の雷……。あらゆるところに、龍神の存在を感じとってきたのです。

龍神は、森羅万象《しんらばんしょう》の中にあります。私たちを生かす大いなる自然そのものです。そしていつでも私たち人間に恵みのエネルギーを送ってくれています。そのエネルギーを受けとるために、大事なのが「気づく」ということです。

「気づく」ための一つの方法が「龍神なぞり描き」です。龍の絵を無心に描き進めることで、龍神の存在を意識します。そして、その存在を身近に感じられるのです。

さらに、本書では「龍神風水」についてもとり上げています。龍神風水の考え方に沿った環境づくりや心構えについて学んだり、なぞり描きを部屋に飾ったりすることで、運気の流れを良い方向に調整していくことができます。

龍神の大いなる力とつながり、あなただけの幸せを手に入れましょう。

はじめに

みなさまにとって龍とはどんな存在でしょうか？ 空を見上げると龍雲があった、神社で龍に守られている気がしたなど、その存在を感じたことはありますか？

私にとって龍は、自分自身に宿っている存在だといつも感じます。

本書でご紹介していますが、私の家系と龍とには宿命ともいえる関わりがあります。それに加えて、何度も夢に龍が現れたり、参拝のときに突風やスコールなど龍を感じさせる天候の変化に遭遇したり、龍の出現を感じる経験は数えきれないほどありました。

中でも印象的でしたのは、北京大学留学中に愛新覚羅氏の歴代の皇帝たちが住んでいた世界一大きな宮廷「紫禁城（しきんじょう）」に行ったときです。その玉座を取り巻くように龍がうごめいた刹那、目が合うとぎゅっと包まれたような不思議な感覚になりました。その後行った天壇《てんだん》でも似たようなことが起こりました。天壇は皇帝が祈りを捧げる場所でもあり祭祀用に円形でつくられています。すると、紫禁城の玉座からついてきた龍が天壇の玉座にくるくるっと戻ったのです。安心した私は手を合わせ、お別れを告げようとしたのですが、その瞬間、肩甲骨の間をぐっとひっぱられました。さっきまでの優しい包まれるような感じではなく、あきらかに体内に龍が入ったような強烈な感覚があったのです。足元を見ると大きな雫形の松ぼっくりが一つ落ちていました。周囲を見渡すと松などないのに……。

あれ以来、あきらかに私の人生は加速していきました。自然神でもある龍の恵みをいただき生かされ、時には厳しい試練を与えられともに乗り越えてきました。その龍は神獣や眷属《けんぞく》の龍ともいえますし、先祖の龍なのかもしれませんが、私の中の龍が存在感を増していきました。

龍は誰かだけが特別につながれる存在ではなく、みなさまともつながっている大きな存在だと私は思います。しかし、目には見えない想像上の神獣でもあることから実感が薄いと感じられるかもしれません。だからこそ、「龍神なぞり描き」でもっと強くつながってほしいのです。なぞり描きをすればするほど、あなたの龍は喜ばれることでしょう。そしてさらに、あなたと龍との絆が深まることと思います。

愛新覚羅ゆうはん

はじめまして。龍神画家の弥生です。実は私は、生まれてくる前に、龍の世界で龍たちに、「君たち（龍のこと）、地上（現世のこと）に行ったら見えなくなってしまうなんて失礼しちゃうよね。僕が地上に生まれたら、君たちのことを絵に描いて見えるようにしてあげるね」と約束をしてきたみたいなのです。

イラストレーターをしていた私はある日、突然龍が描きたくなり龍を描き始めました。それから私の運命は動き出しました。神社・仏閣への奉納のお話がきたり、龍神のオラクルカードの発売が決まったり、私の龍の絵はとんとん拍子に全国に広がりました。個展を開くと、絵を見たたくさんの方の作品の前で涙する姿が見受けられました。

龍は、見えないけれど私たちのまわりにたくさんいます。それは、私たちの手助けをしてくれる隣人のようなものです。

私も、思いがけないプレゼントをたくさん、龍からもらってきました。あるときは、個展会場がキャンセルになり困っていたところ、最初の金額より３割も安く、さらに素晴らしい場所が見つかりました。龍からの計らいにはいつもびっくりさせられます。

私が龍を描くとき、身体に龍が降りてきてくれます。逆に龍が来ないと描けないのです。そして、私たちが一人一人個性のある人間であるように、龍も一柱一柱(注1)それぞれがちゃんと、個性を持った存在です。

龍は本当に温かく、優しく、楽しく、軽やかで、時に強い存在です。一般的には、龍とは強く猛々しいイメージがあると思いますが、強い龍はもちろんですが、私がいつも出会っている、龍たちの可愛くて優しい世界も、なぞり描きをすることで体験してもらいたいと思っています。

そして、その世界を感じながらぜひ、龍とさらにつながっていってほしいのです。

龍は心を寄せれば寄せるほど、ちゃんと応えてくれる存在です。難しいことではなく、見えないけどそばにいて、いつも見守ってくれている存在……。

「いつもありがとう。私のお願いよろしくね。たくさん楽しいことしようね」

そう、龍に話しかけながらなぞり描きをしていただき、龍たちと仲良くしてもらえたらこれ以上嬉しいことはありません。

※注１……龍は１匹ではなく１柱と数えます。

龍神画家 **弥生**

もくじ

PART 4 ― 自然と龍神

PART 5 ― 四季と龍神

Ryujin nazorigaki

PART 1

龍神を描くということ

ＰＡＲＴ１はこれから描いていく龍神について解説します。
さらに、本書の楽しみ方や
「龍神風水」を暮らしにとり入れる方法をご紹介します。

龍神とはあなたを守り、導く存在

龍が生まれたのは……

龍は、古代中国東北部の遼河《りょうが》文明（紀元前6200年頃）周辺で生まれたといわれています。現在、みなさまが親しまれている龍の姿は9つの動物や神獣が組み合わさりつくられたものです。龍のくねくねとした曲線の胴体部分は「蛟（みずち）」という蛇に似た神獣でできています。このことから、古代バビロニア・エジプトや日本の縄文時代でも見られた蛇信仰が龍神信仰につながっていると私は考えます。

蛇は山・岩や川沿いや海中に潜み、定期的に脱皮で生まれ変わることやひと噛みで人間をも毒で殺してしまうことから「不老不死」や「破壊と再生」を司る神様とされてきました。**人々は古代より神格化されてきた蛇や龍に対して「畏れ」と「尊敬」を抱き、災いを起こさせないために奉り崇め鎮めてきたのです。**

蛇の曲線は、山・岩や川・海の尾根や波と重なり、そこに潜んでいることも自然神崇拝の背景が見られます。後に龍もまた自然の大いなる「流れ」の象徴となり、蛇と同様に地にある水とのご縁が深まります。さらに手足が生えていることで空との縁起が生まれ、空の水の現象「雨、雷、雹（ひょう）、雪」や、四季の流れに深く関わるようになりました。

風水思想では「山の尾根、なだらかな傾斜、川の流れ、海の水面、地層や地脈の流れ」を「龍脈(りゅうみゃく)」と呼び、それらの気が最も充満するところを「龍穴(りゅうけつ)」とし、そこに都や城を築くと栄えると考えられてきました。日本には8世紀頃に風水思想が伝来し、平城京・平安京がつくられ、皇居もそれにならってつくられています。その皇居付近は龍穴スポットといわれ、富士山からの龍脈が流れているといわれています。

このように、龍は神格化されることで龍神

となり、自然の「気」のエネルギー・パワーそのものを表していきます。私たちを生かす大いなる宇宙の流れともいえます。**龍神とつながるということは、大自然・大宇宙とつながるということでもあるのです。**

「流れ」のあるところに龍神は宿る

自然の流れ以外でも、龍神は関わっています。私たちを支えてくれる身近な自然神でもあることから、人やお金の流れ、情報や社会の流れ、血液や気などの人体の流れ（東洋医学の経絡など）、これらも「流れ」であり、龍神と関わりが深いといわれています。特に、古代中国では皇帝や帝王のみが龍神が描かれたローブをまとうことができる文化があったことから、畏れ多き権力の象徴として存在していました。王朝が終わり民間化していく中で、龍神は金運、仕事運、ご縁をつなぐ人脈運に影響が大きいとされ、そこからずっと愛されています。

私たちが生きているということには、「自然、人、お金、社会、体」こうしたすべての流れが大きく関わってきます。こうした「流れ」はいつも身のまわりに当たり前にあるものなのでなかなか気づきにくいのですが、私たちに与えられた恵みそのものなのです。

それに気づくと「今日は良い風が吹いて気持ちいいな」とか、「仕事で良いご縁に恵まれた」など、すべての「流れ」の中に龍神の恵みを感じとることができます。そして、そこに感謝していくことで、自然と運気も上昇していきます。なぜなら、幸せとは、それがあることに気づき、感謝することから生まれるものです。そして、幸せでいることで良い運気を引き寄せることができるからです。

何かに挑戦したいときは、「行動するので良い流れをつくってください」と龍神さまにお願いしてみましょう。きっと見えない力であなたをバックアップしてくれると思います。

「龍神なぞり描き」の楽しみ方

Step 1 なぞり描きをする

まずは、本を開いて気に入った龍神の絵をなぞり描きしてみましょう。あまり上手に描こうと思わず、心の赴くままに描いてみましょう。**線からはみ出したり、自分なりのアレンジを加えたりしても大丈夫。なにより、楽しむことが大事です。**夢中になってなぞり描きをしているうちに自然と心が空っぽの「無心」の状態になり、集中力が増していきます。

Step 2 色をつける

なぞり描きした龍神に色をつけてみましょう。カラーペンやカラー筆ペンでポイント的に色をつけても良いですし、色えんぴつやパステルを使って塗り絵感覚で色を加えるのもおすすめです。

塗ったあとの空きスペースには、思うままに背景を描き加えてみたり、好きな言葉を入れたり、アレンジを加えるのも素敵です。**楽しみながら自分らしい龍神アートをつくっていきましょう。**

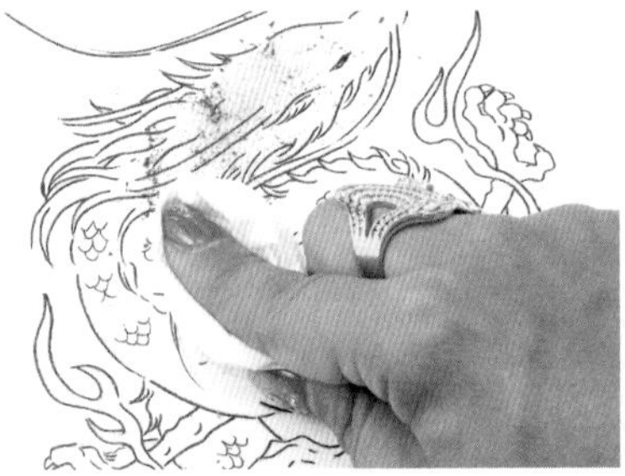

Step 3 龍神を飾る

仕上げた「龍神なぞり描き」を部屋に飾りましょう。

巻末付録の「切って飾れる龍神アート&カード」は、飾ることを想定して本からはさみやカッターで自由に切りとれるつくりになっています。お気に入りのフレームで額装したり、ラミネート加工して飾るのもおすすめ。

暮らしの中で龍神アートを目にすることで龍神への親しみと感謝の気持ちが湧いてきて、さらに深く龍神とつながれます。

さらに運気を上げるためのポイント！

1. 自分の守護龍の色をなぞり描きにとり入れる

PART.7 に、“あなただけの龍神を見つける「守護龍占い」”という自分でできる占いを掲載しています。ここであなたの守護龍の色を確認して、その色で龍神を塗ることでご自身の守護龍とつながることができます。守護龍ごとの運気アップのポイントを紹介しているので参考にしてください。

2. 龍神を飾って意識を向ける

巻末付録に「切って飾れる龍神アート＆カード」を収録しています。龍神アートをいつも目につくところに飾り、「いつもありがとうございます。今日もよろしくお願いします」と感謝を捧げることで、龍神は喜びます。龍神に意識を向けるほど、邪気や不測の事態からあなたを守ってくれるでしょう。

龍神のパワーを得られる「龍神風水」

風水とは「環境心理学」でもある

通常、風水と聞くと、方位を気にしたり、ラッキーアイテムを置いたりといったことをイメージする方が多いと思います。確かにこうしたことも大切なのですが、外面だけ固めてもダメで、同時に内面も整えていく必要があります。つまり、「環境＝外面×心理＝内面」はともに連動しているということです。

龍神風水はこの外と内すべての「流れ」を整え、良い方向に導いていくためのものです。では、外と内どちらから始めると良いかといいますと、外面の「環境を整える」ことから行うことをおすすめします。人の視覚伝達情報は7割から8割を占めているといわれています。まずは目に見えることから整えていきましょう。

「環境」は人の潜在意識（心理）まで影響を及ぼしますから、気づかないうちに人生に変化をもたらします。例えば、散らかった汚い部屋でずっと過ごしていれば、思考も混乱しやすく気分的にも前向きになれない、体調も悪くなることが多くなるでしょう。その結果、運気ダウンにつながります。

一方で、風水に従って掃除や片付けをして、すっきりと環境を整えると「意志や感情」のコントロールがうまくなり、心が上向きになります。**意識がクリアになり、正しい選択力、行動力が自然と湧いてくるようになります。その結果、強運体質になっていくのです。**

良い気を呼び込むには自分自身を整える

次は内面の流れを整えていく必要があります。龍神風水は「自分自身を整える」ことも大切にしています。せっかく外面の環境を整えてもその部屋の主の気が滞っていたら、良い気を完全にとり込めないのです。**本来の風**

水の根源的思想は「自らの気を整えるために、環境をほどこす」ことにあります。

「いつも疲れてイライラしている」「人と自分を比べてしまう」「自分に自信がない」など、自らの気が乱れていると思ったら、まずは内面を見つめ直してみましょう。何を望んでいるのか、自分を幸せにするものは何なのかなどを考えてみてください。そして、どうしたら自分を幸せにできるかを考えて、できることから実践してみてください。好きなものを食べるとか、お気に入りの場所に行くとか、小さなことでも良いのです。「笑う門には福来る」ということわざもありますが、まずはあなた自身が楽しく、心地良い状態をつくることがなにより大事です。

このように、龍神風水を活用するためには心の在り方も非常に大事です。日々の忙しさの中で流されそうになったら、何も考えず龍をなぞり描きしてみてください。無心でなぞり描きをすることで心も整ってきます。

龍の子孫「愛新覚羅家」

本書の監修者である愛新覚羅ゆうはん先生は、幼い頃から、母方の祖先である「愛新覚羅氏」が天地を統《す》べる龍の子孫であると聞かされていたそうです。龍神発祥の地でもある中国東北部は、先祖満洲族（女真族《じょしんぞく》）＝愛新覚羅氏が統治してきた土地です。自分たちのことを龍神の末裔と呼び、誇りを持ってきました。皇帝のドラゴンローブには龍の紋様が絹刺繍で描かれています。

陰陽五行を知り「気」を整える

風水といえば、「木は火を生じ、火は土を生じ、土は金を生じ、金は水を生じ、水は木を生ず」という森羅万象の成り立ちを表した『陰陽五行説』が大変有名です。宇宙や地球、自然や人も、この要素で成り立ち、循環しています。

万物は「陰と陽」に分けられます。これは、天と地、生と死、明と暗、太陽と月、男と女など、相対するものをさし、これは両方があるから成り立つものでどちらが良いというものではありません。どちらも必要なもので中庸が良いとされています。

「五行」の5つの要素にはそれぞれ、生み出す関係の「相生（そうせい）」、破壊する関係の「相克（そうこく）」があります。その関係を表したのが左ページの図です。例えば「相生」する水と木を合わせると運気は安定しますし、逆に「相克」する火と水を合わせると運気は下がります。

相克するものを組み合わせるときは、中和させるものを加えると気が整います。例えば、水の気を持つ冷蔵庫の近くに火の気を持つ電子レンジを置く場合は、間に木の板などを入れることで中和されます。

「気」は目には見えないもので、まるで自然の波長のようなバイブレーションが備わっています。「気」＝エネルギーなのです。私たち人間も動物も植物も、実はそれぞれの波動を発しています。さらに環境や人間関係、言葉、感情、行動、モノなどにも、「気」が伴います。これらをどう扱い選択していくかで、人生が変わっていくのです。

風水はこの考え方が元になっています。そのため、目には見えないけれど波動として空間が整うのです。**この見えない「気」は実は私たちに大きな影響を与えています。それを意識し、常に良い気をとり入れていくことが、運気上昇の鍵となってきます。**

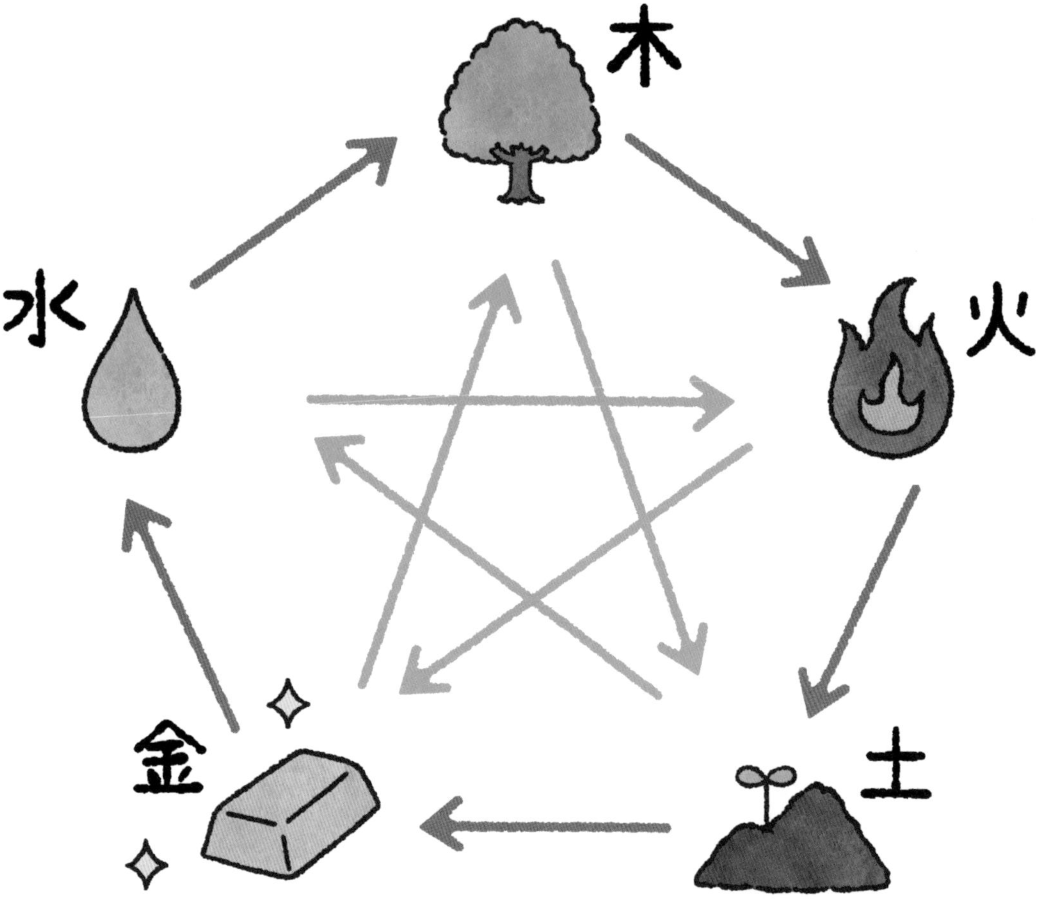

相生（そうせい）

水を吸って木は育ち、火は木によって勢いが増し、燃えた灰は土の養分になり、土の養分が固まり金を生じる。

相克（そうこく）

水は火を消し、木は土の養分を吸い根をはる、火は金を溶かして抑制し、土は水の流れを止めて汚す、金は木を切り落とす。

龍神さまに愛される人の5つの特徴

ここでは「龍神さま」に愛され、サポートをもらうためにはどうしたら良いのか、龍神を味方につける人の特徴をお伝えします。

その1　素直であること

「素直」ということは「疑わない」ということです。例えば龍神のご加護でとてもラッキーなことがあったとします。でもそのときに、こんなラッキーなことがあったら、運を使い果たしたかもしれない、などと疑ってしまうとせっかくの幸運を生かせなくなってしまいます。**素直さは龍神に愛される第一関門だと思ってください。**

その2　行動している人

龍神は、動いているものに宿ります。そのため、行動力のある人が大好きです。何か「やろう」と決めたら、すぐに行動する習慣を身につけることをおすすめします。例え忙しくてすぐにできなかったとしても、やろうと思ったことについてネットで調べる、そこで得た情報に対して、すぐ予約を入れるなど、行動することで龍神パワーを得ることができるでしょう。

その3 自分らしく生きていること

誰かと自分を比べて自分にないものを考えてしまう、そんなことは誰にでもあると思います。**でも、「自分はありのままでも素晴らしい」ということを覚えておいてください。**優れた存在、特別な存在になる必要はないのです。人にはそれぞれ個性があり、みんな違っていていいのです。ありのままの自分を受け入れそれを愛することで、人にも優しくなれますし、自分らしく生きていくことができます。そんな生き方をしていくことで、龍神も寄り添ってくれます。

その4 自然が好きな人

龍神は自然神です。だから自然の中で楽しむのが好きな人、四季の変化を敏感に感じられる人、植物や野菜を育てる人、自然を大事にする人などは、龍神に好かれます。**時々は、自然の中に出かけていって、五感で自然の気持ちよさを感じてみましょう。**それだけでも良いパワーチャージになるはずです。

その5 「お金」について学んでいる人

龍神はお金と関わりの深い神様です。**投資や資産形成についての勉強など、「お金」について学んでいると龍神とつながりができます。**さらに、龍は「ゴールド」とも関わりが深いので、ゴールドのアクセサリーを身につけると、龍神からのバックアップを受けることができます。

龍神を呼び込む環境の整え方

環境を整え良い気を呼び込む「風水」の教えの中から、このページでは特に龍神に関わりが深い「龍神風水」をいくつかご紹介します。簡単にとり入れられるものも多いので、ぜひ実践してみてください。

玄関

水槽や「水」を感じるインテリア

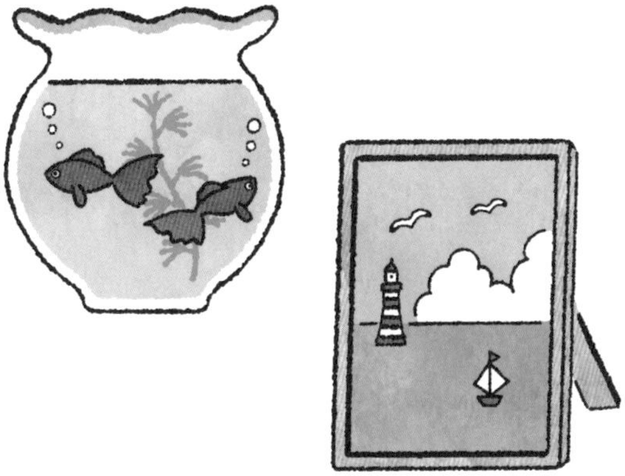

玄関は「気」の出入り口。そこに靴が散乱していたり、泥やゴミで汚れていたりしては良い気もすぐに逃げていってしまいます。まずはこまめに掃除をし、靴も履くものだけにして整頓しておきましょう。照明にも気を配り、いつも玄関を明るい状態にしておくことも大事です。

龍神を招き入れるためには、玄関に小さくても良いので水槽を置くのも◎。流れる水は風水では「循環」を表します。金魚やメダカなど、うろこがキラキラした魚を飼うとさらに吉です。水槽を置くことが難しい場合、**海辺や湖、川、海の中など「水」を感じる写真や水晶やガラスなど透明感のある素材の小物を飾るのも良い方法です。**

S字を意識して壁を飾る

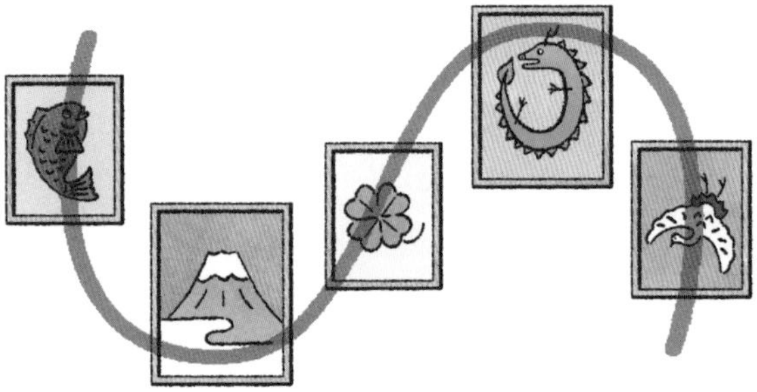

玄関や廊下に写真やポストカード、絵などを飾るときは、S字を意識して飾りましょう。龍の胴体もS字が横になった形ですが、このS字が流れをつくります。このとき、飾る枚数は奇数が良いでしょう。フォトフレームは金属、プラスティック、ガラスなどと相性が良いです。飾るのは人物や家族写真は玄関からの邪気を吸ってしまうので、避けるようにしましょう。「龍神なぞり描き」を飾るのもおすすめです。

桃の香りのフレグランスを使う

中国では仙人や仙女の住む場所には桃の林があるといわれ、「桃源郷」「シャングリラ」などの言葉があります。仙女の使いでもある龍神は桃が大好物なので、**玄関に桃の香りのフレグランスやお香を焚いて、桃源郷のように演出しましょう。**桃の絵や写真、置物などを飾るのも龍神へのおもてなしになります。

トイレ

湿気対策を徹底する

風水で大敵とされているのは湿気ですが、トイレは狭く便器に水が常に溜まっているため特に湿気が抜けにくい場所です。**日本は湿気が高い国なので湿気対策を行うようにしましょう。**除湿剤や炭などをトイレに設置するのでも良いし、電気代はかかりますが換気扇をまわしっぱなしにしておくのもトイレの気の循環はよくなります。

トイレに長居しない

トイレでスマートフォンを見たり、本を読んだりする習慣がある人は要注意。**トイレは負を流す場所。「陰」の気が強いので、滞在時間はなるべく短くするのがおすすめ。**時々トイレに本棚を作って、漫画や本をトイレで読んでいるという人もいますが、紙は便器から出る湿気を吸ってしまうので置かないようにしましょう。

龍神が好きなガラスや陶器素材を置く

龍神はキラキラと光を放つものを好みます。「陰」の気が強く暗くなりがちなトイレに**ガラスやクリスタル、陶器など光を放つ小物を置くと空間が明るくなります。**サンキャッチャーや小物を選ぶとき形は円形、オーバル、多面体、八角などのコロンとしたものが吉。トイレで使う掃除用品や生理入れを陶器の入れ物にするのも良いでしょう。

寝室

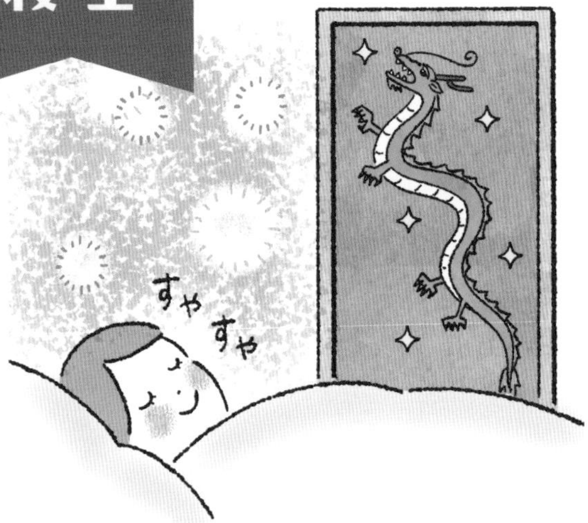

昇り龍の絵を飾る

昇り龍には「すべての運気が上昇する」という意味があり、部屋の東側や南側に飾ると吉とされています。寝室が東側、南側の方向に位置しているならどこに飾っても大丈夫です。「飾るのが恥ずかしい」という人は、枕の下にこっそり入れたり、机の引き出しに入れておくだけでも大丈夫。龍神に守られているような気持ちになり、安心して眠れます。

電化製品を多く置かない

寝室は心と体を休める場所であり、風水では気を吸収するとされています。**余計なものを置かず、落ち着ける空間にしましょう。**時々、枕元でスマートフォンを充電していたり、寝室にテレビを置いているというケースがありますが、情報電子機器は気を乱すという特性を持っているので避けたほうが無難です。しっかり休める環境を意識してください。

龍神が好きな音をとり入れる

龍神は静寂よりも自然の音があるところを好みます。**寝室に川のせせらぎや波の音、水滴が落ちる音、滝の音、雨の音などを小さく流しておくと、部屋の気が浄化されます。**水の音以外だと、鈴や鐘の音、竜笛の音、管楽器やパイプオルガンの音など、高音や重低音の音もおすすめ。眠る前に流すと気分がリラックスします。

column

運気を上げる！開運旅行に出かけよう

動くところに力が宿る龍神は、旅行とも相性バツグン。何をやってみてもうまくいかない、やる気が出ないなど、人生に行き詰まったと感じたときは、ぜひ運気を上げる開運旅行に出かけてみましょう。

開運旅行の場所の選び方

- **自然の中**……山、海、川など自然の中には龍神の力が満ち溢れています。きれいな景色を見て新鮮な空気を吸って、それだけでも十分リフレッシュできることでしょう。
- **温泉**…………湧き出る温泉も龍神パワーが詰まった場所。地球のエネルギーを五感で感じられる場所です。露天風呂など自然に囲まれた場所だとさらに高いパワーが得られます。
- **神社仏閣**……古くから人々に愛されてきた神社仏閣には、パワースポットといわれる場所も多くあります。龍神系の神社仏閣も多いので、旅行がてら出かけてみるのもおすすめです。

パワースポットには合わない場所もある！?

パワースポットは強いエネルギーを持つため、中には自分に合わない場所もあります。頭痛を感じたり、帰宅後に体調を崩したり、電化製品が壊れたりするような場所は、自分とは「気」が合わない場所の可能性もあります。

Ryujin nazorigaki

PART 2

「龍神なぞり描き」の基本

「龍神なぞり描き」を始めるにあたっての心がまえや必要な材料、
画材による仕上がりの違いについてご紹介します。

「龍神なぞり描き」の始め方

自由な心で なぞり描きに向かい合う

「龍神なぞり描き」は、直接本に描いていくので「間違えてはいけない……」と、緊張してしまう人も多いでしょう。でも、**龍神とつながるためになによりも大事なのは「楽しむこと」です。**まずはゆっくり深呼吸して肩の力を抜き、気楽に描き始めましょう。

線はきっちりなぞり描きするのも良いですが、細かい線は省略したり、輪郭だけ太い筆ペンで描いてあとはボールペンにしたり、自由にアレンジして大丈夫。線からはみ出してしまってもそれも味のうちです。

同じ絵柄なのに人それぞれ仕上がりが違うのがなぞり描きの面白さ。丁寧に一つ一つ線をなぞるのも、ダイナミックに力を込めて線を仕上げるのも個性のうちです。心の赴くまま自由になぞり描きを楽しんでください。

様々な龍神の姿があって良い

私の描く龍神は、龍神らしい勇ましい龍神、女性的な美しい龍神、どこか可愛いキュートな龍神など、それぞれの個性があるとよくいわれます。実はこうした絵が生まれるのは龍神を描いているとき、様々な龍神が私のもとに降りてくるからなのです。

みなさまがなぞり描きをするときもイメージが浮かんできたら、きっとそれがあなたに降りてきた龍神の姿です。直観のままに描き進めていきましょう。

準備するもの

「龍神なぞり描き」をするときに準備するものの例をご紹介。ここでご紹介した材料以外でもお好みの筆記用具や画材を試してみてください。

✦線を描くもの

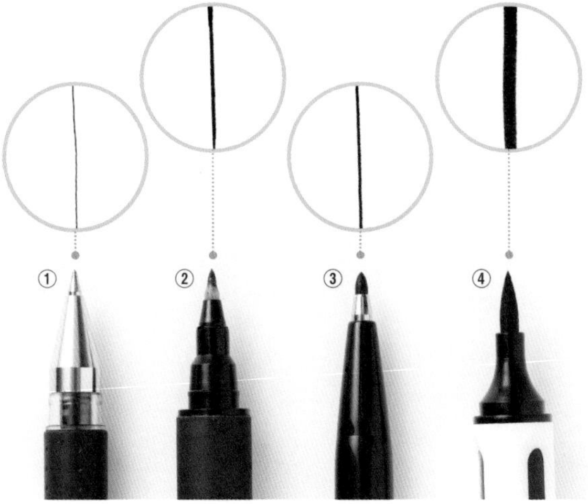

①ゲルボールペン

細かい線を描くのに適しています。繊細な雰囲気に仕上がります。

②細めの筆ペン

なぞり描きに一番使いやすいのが細めの筆ペン。描きやすく流れる雰囲気が自然に出せます。

③サインペン

油性のサインペンだと裏紙にうつりやすいので水性がおすすめ。先が細くなっているペンのほうが描きやすいです。

④太めの筆ペン

ダイナミックな雰囲気が出る太めの筆ペン。細かい線は描きにくいため、輪郭や強調したい部分だけに使うのもおすすめ。

✦色を塗るもの

淡く優しいタッチで仕上がる

色えんぴつ

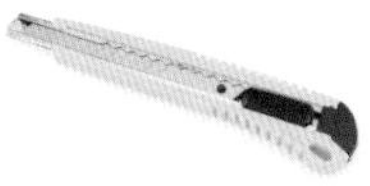

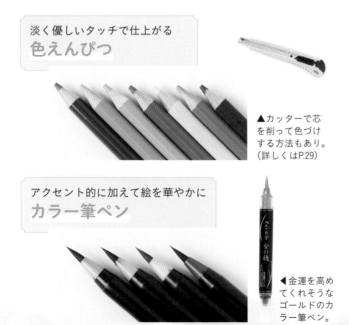

▲カッターで芯を削って色づけする方法もあり。(詳しくはP.29)

龍のなぞり描きをお好みの色で

サインペン

アクセント的に加えて絵を華やかに

カラー筆ペン

◀金運を高めてくれそうなゴールドのカラー筆ペン。

ふわっとした仕上がりが素敵

パステル

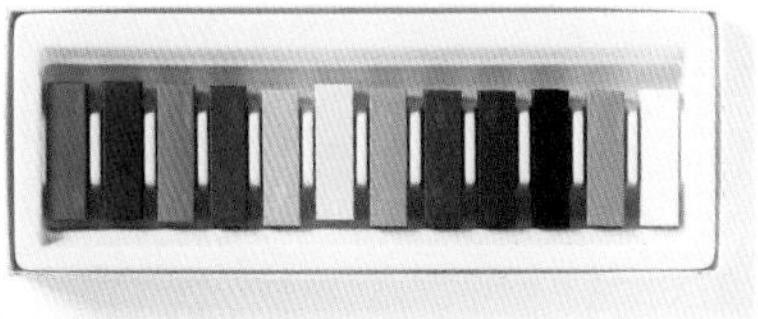

筆ペン

筆ペンはブラックでも太さによって仕上がりのイメージが異なります。いろいろなペンで試して自分が使いやすいものを見つけましょう。

金色・カラー筆ペン

金運を司る龍神のイメージによく合うゴールドの筆ペン。ポイント的に使うと一気に華やかなイメージになります。最近では和の定番カラーが揃ったカラー筆ペンもあるので、こうしたペンで色を加えるのもおすすめ。
空きスペースには、背景や模様、好きな文字などを自由に描き込んでみるのも素敵です。

サインペン

自分が好きな色でなぞり描きを仕上げられるのが魅力。PART.7で自分の守護龍を調べて、そのカラーを使うと守護龍との絆が深まります。

色えんぴつ

線をなぞり描きしたあとに、色えんぴつで塗るのも見栄えがします。外側から色を塗り、外側は濃く、内側は薄く塗るのが立体的に見せるコツです。

色えんぴつを使った裏ワザ

色えんぴつの芯の部分をカッターで削って、それをティッシュで紙に押しつけるようにするとふわっとした色味に仕上がります。時間もかからず素敵に仕上がる裏ワザです。

パステル

パステルとは、粉末の顔料を粘着剤で棒状に固めた画材。色鮮やかなパステルを削って粉にして使うことで、美しく、柔らかな風合いの絵を描くことができます。水やパレット、筆なども使わないため、手軽に描けます。

9つの生き物の特徴を持つ龍神

猛々しく神秘的なその姿には 9つの動物の姿が宿る

中国の百科全書的な本草書『本草綱目《ほんぞうこうもく》』によると、龍神の姿は、**「角は鹿、耳は牛、頭は駝（駱駝：らくだ）、目は兎（うさぎ）、鱗は鯉、爪は鷹、掌（たなごころ）**※1**は虎、腹は蜃（蛟：みずち）**※2、**項（うなじ）は蛇に似ている」**と記され、このことを「九似（きゅうじ）」といいます。

また、紀元前2世紀末の『淮南子（えなんじ）』という書物には、飛龍（ひりゅう）・応龍（おうりゅう）・蛟龍（こうりゅう）・先龍（せんりゅう）からそれぞれ鳥類・獣類・魚類・甲殻類が生まれたとあります。龍神はあらゆる動物の祖ともされていたのです。

龍が玉を手に持っていたり、口に玉をくわえていたりすることがありますが、この玉の正式な名前は**「如意宝珠（にょいほうじゅ）」**と呼ばれています。この玉はあらゆる願いをかなえる力を持っているとされています。どんな願いもかなえるといわれる龍の玉は、世界的に有名な日本の漫画作品『ドラゴンボール』（集英社）にも登場してきます。

※注1……掌（たなごころ）とは手の平をさす。　※注2……蜃とは蜃気楼を起こすとされる幻の生き物のこと。

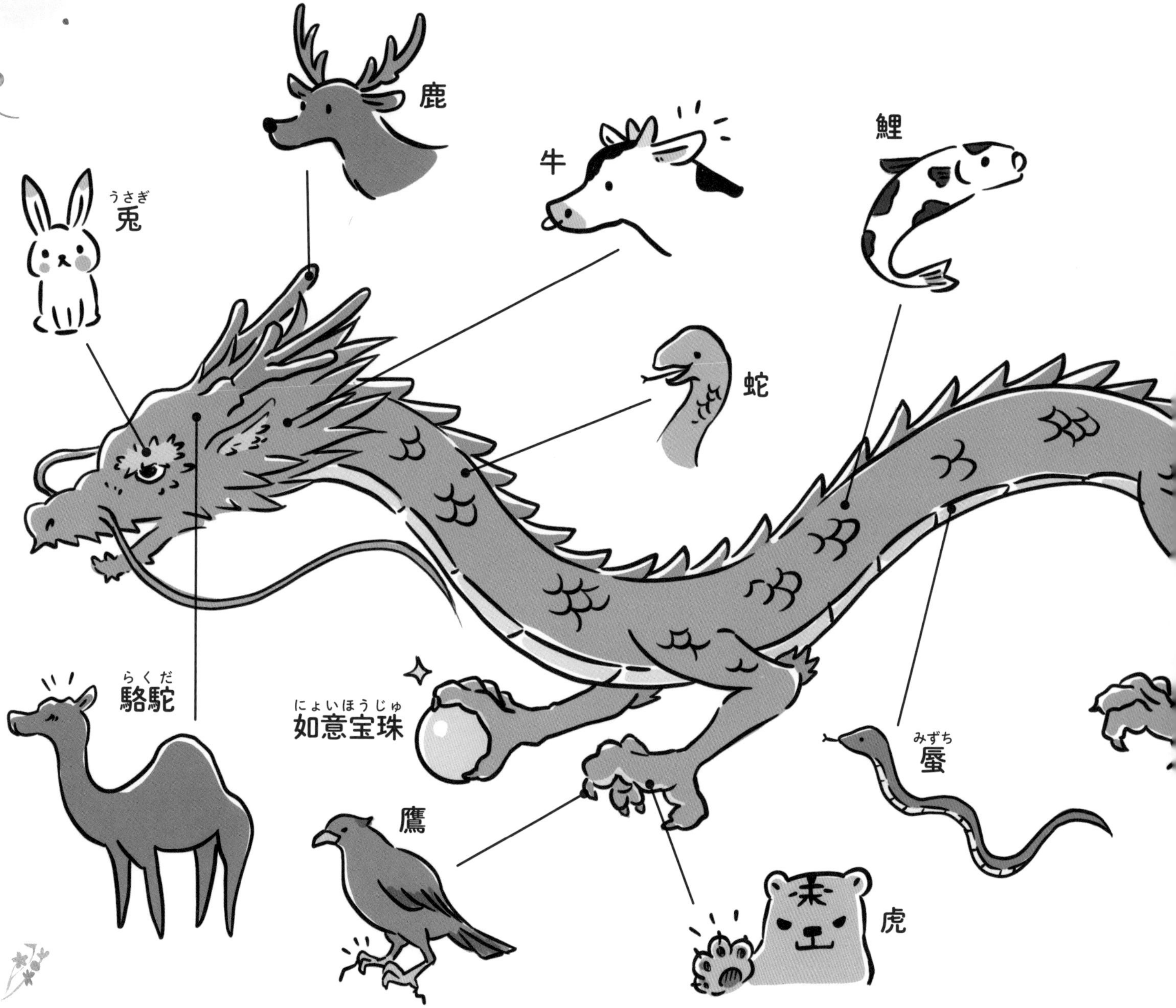
鹿
鯉
牛
兎《うさぎ》
蛇
駱駝《らくだ》
如意宝珠《にょいほうじゅ》
蜃《みずち》
鷹
虎

column

龍神画家弥生が教える
簡単で可愛い龍神の描き方

絵が苦手でも大丈夫！

「龍神」というと猛々しい迫力のある龍神がまず浮かびますが、ここでご紹介するのは、はがきやメモなどに描き入れると可愛い、キュートな龍神。ポイントを押さえれば子どもでも絵が苦手な人でも簡単に描けます。

1.鼻を描く
まずは鼻のあたりから描いていきます。少し離して角を描き、目を加えます。

2.背の部分を描く
波状に龍神の背の部分を描きます。

3.前脚までを描く
首から前脚までを描きます。前脚はちょこんと三角状に描き入れます。

4.尾につなげる
お腹の部分から後ろ脚を描き、尾までつなげます。

完成！

5.尾びれを描く
房のような形で尾びれを描き入れます。これで完成です。

Ryujin nazorigaki

PART 3

いろいろな龍神の描き方

龍神の顔の特徴や体の描き方、
表情の違い、鱗のある龍神や毛のある龍神、2柱の龍神など、
なぞり描きをしながら龍神の特徴を捉えましょう。

顔編

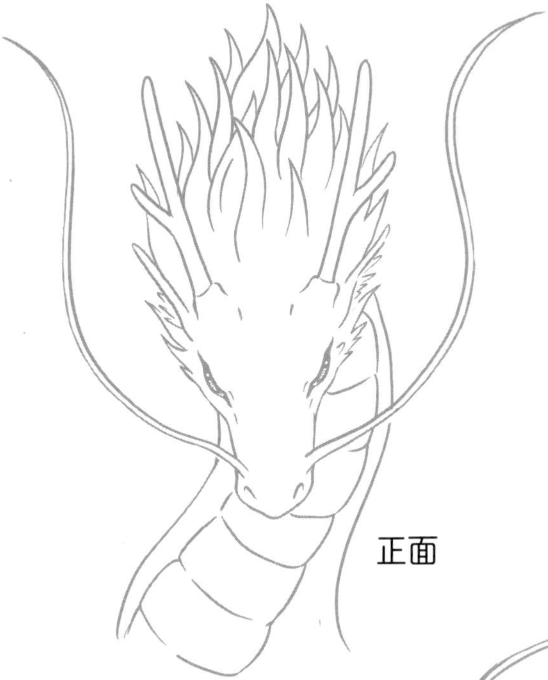

正面

横

斜め

勇ましく

優しく

体編

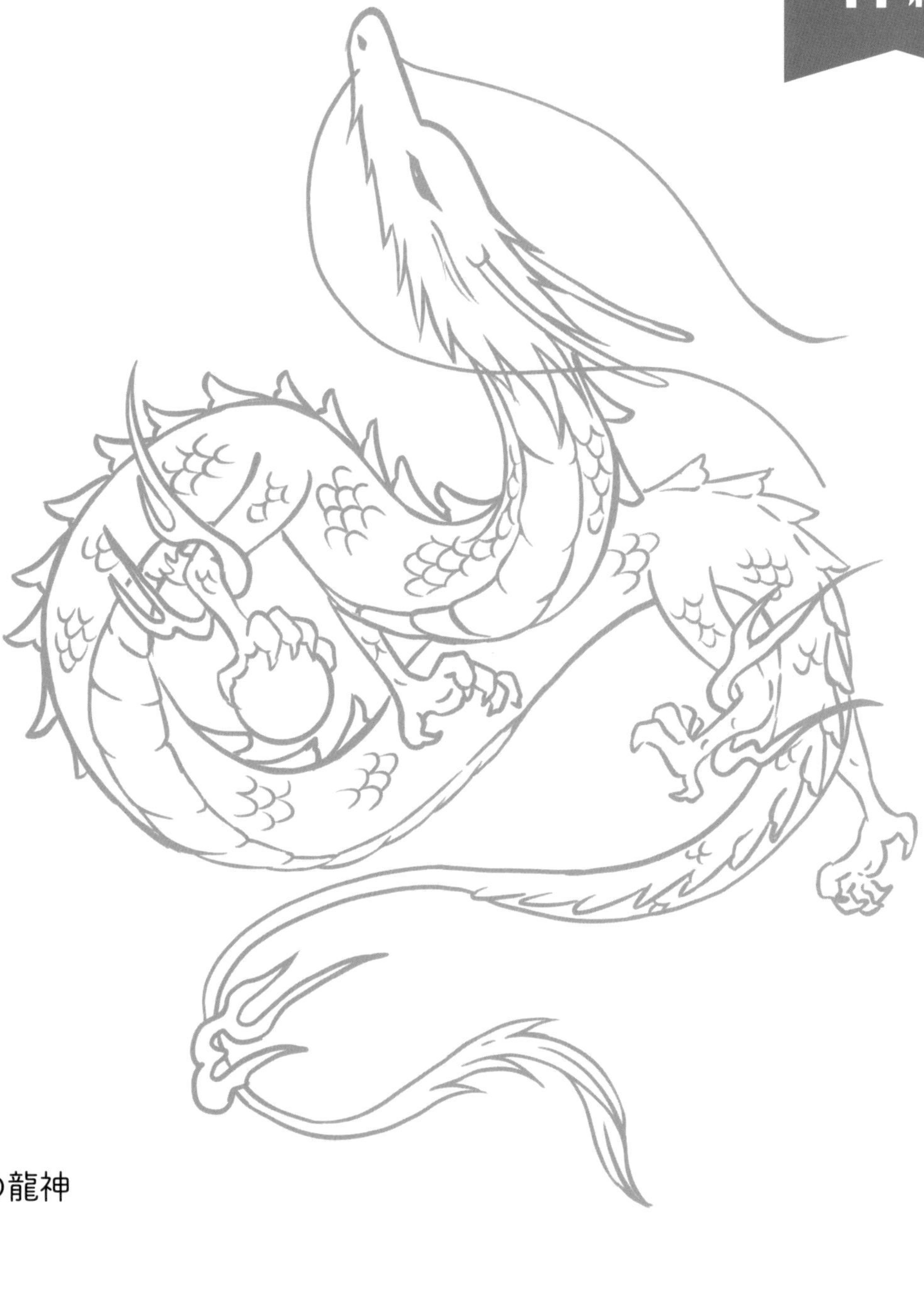

鱗の龍神

毛のある龍神

2柱の龍神編

column

西洋の龍神と東洋の龍神

姿や性格も全く異なる！

日本や中国で描かれる龍の姿と、西洋の「龍（ドラゴン）」は姿や性格が全く異なります。基本的には**東洋では、「八岐大蛇（ヤマタノオロチ）」のように、倒されるべき存在として描かれる龍に似た怪物も存在しますが、龍＝崇め奉る存在というイメージが定着しています。**中国では皇帝の使いとして崇高な存在として敬われてきましたし、日本では自然崇拝の象徴として神社で龍神として祀られています。

一方で、**西洋では人間に害を及ぼす恐ろしい存在として描かれることが多く、姿も翼を持ち、火を吐く生き物として描かれています。**

実はこの背景には、西洋のキリスト教文化が、異教を悪魔として排他する考え方が影響を及ぼしているという説があります。キリスト教から見て、龍神などを含む東洋の信仰は異教であり、その象徴である龍は西洋では邪悪な存在として捉えられたのです。東洋への恐れから飛来し侵略する存在として翼が描かれるようになりました。

このように、畏怖される龍という生き物でも、受け取る側の宗教や文化背景によって全く違ったものになるという興味深い例です。

■東洋の龍神

■西洋の龍神

Ryujin nazorigaki

PART 4

自然と龍神

自然そのものである龍神には、
山や海、花、宇宙など、自然の風景がよく合います。
悠々と駆け巡る龍神の姿を収録しています。

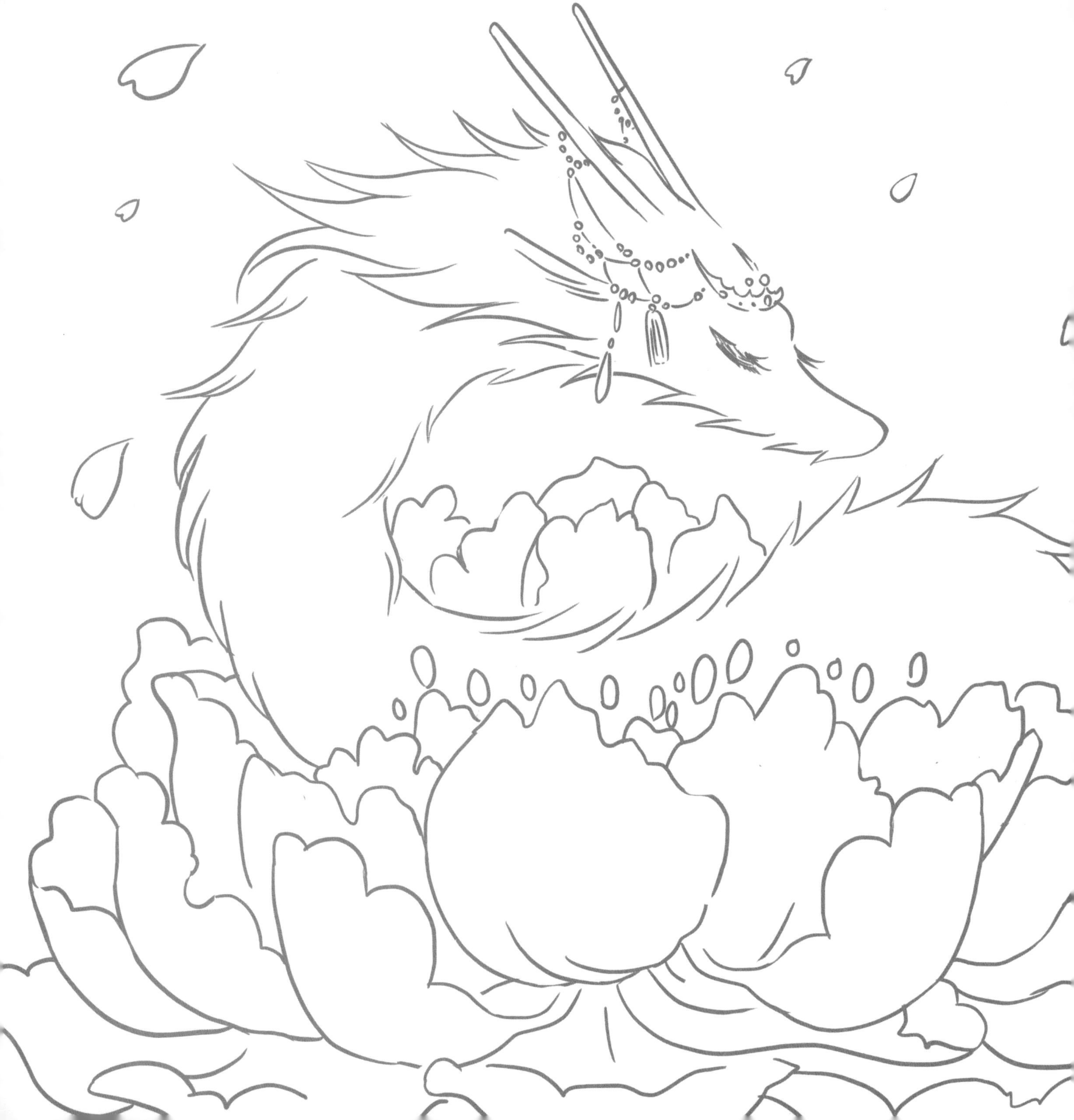

column

自然の中に龍神を探してみよう

私たちのまわりには龍神の恵みが溢れている

山に降り積もった雪や雨は地面の土（地脈）に浸み込んで川（水脈）をつくります。川は流れて、それが海にいきつきます。海は火のエネルギー、地熱マントルから温められて水蒸気となり、それが雲をつくります。そして雲が恵みの雨や雪となり、時として雹や雷にもなります。そして私たちの飲料水となります。

この流れすべてに龍神は存在します。龍神は生命を育む自然界の流れそのもので、私たちとともに存在しているのです。

そして、龍神は時々あなたにメッセージを送っています。**それは雨や雲として空に現れることもありますし、風として感じられることもあるでしょう。**特に、雲は龍と密接に結びついているので、時として龍神は雲の形を龍の姿に変えて現れることがあります。時々、空を見上げて龍神からのメッセージがないか探してみましょう。

▲雨が山に流れて川になり、恵みの雨は生命を育みます。川は海に流れ出て地球の熱に温められ、雲をつくります。こうした自然の循環の中に龍神は存在します。

▲龍神を思わせる雲が時折空に現れることも。

Ryujin nazorigaki

PART 5

四季と龍神

四季がはっきりしていて

それぞれの季節に行事や風物詩がある日本。

ここでは12カ月を連想させるモチーフと龍神をとり上げています。

1月(富士山と龍神)

7月（天の川と龍神）

12月（雪だるまと龍神）

column

身近なものを使ったお清めのしかた

邪気払いの効果もあり

風水では鏡、水、香り、音など、身近にあるものを使ってお清めをすることができます。

●鏡………**鏡にはその反射作用で邪気や凶、災いを払うパワーが宿っています。**風水グッズで有名な八掛鏡は様々な方向から来る悪いものをはね退ける強力なパワーを持つことで知られています。普通の鏡なら円形がおすすめです。

●水………**水は私たちの起源であり、体に流れるなくてはならないもの。しっかりと毎日摂取するようにしましょう。**また、海で泳ぐことには強力な浄化パワーがあるといわれています。日常でとり入れるなら、お風呂に塩やバスソルトを入れて入浴すると良いでしょう。

●香り……**お香やアロマなどでお部屋をいい香りで満たしておくのは邪気払いにとても効果的です。**香りは人間の脳に直接作用し、感情にも影響を及ぼすといわれています。良い香りに包まれていれば感情もポジティブになり、それだけでも運気はアップします。お香のゆらゆら上へと上がる煙の形も龍神を思わせます。

●音………**音は古代から邪気を払い、場所を浄化するものとしても使われてきました。**神社で鈴を鳴らし、両手をたたいて音を立てますが、これも悪い気を遠ざけ、神を呼び込むための習慣といえます。また、雨の音にもヒーリング効果があります。雨の日はゆったりとした気分でその音に耳を傾けてみるのも良いですね。

Ryujin nazorigaki

PART 6

神と龍神

見えない力で私たちを守ってくれている、

天照大神、弥勒菩薩、弁財天、菊理媛神などの

尊い神様と龍神の姿をなぞり描きして、心を鎮めましょう。

天照大神と龍神

菊理媛神と龍神

column

風の時代を龍神とともに生きていく

思い立ったらすぐ行動が開運のコツ

西洋占星術で現在は「風の時代」です。**2024年11月に順行逆行を繰り返していた冥王星が240年ぶりに水瓶座に入ると、本格的な風の時代が始まります。**

これからの風水も時代に合ったとり入れ方が求められてくるかと思っています。陰陽五行説をベースとした基礎はしっかりと守らないといけませんが、時代に応じた変化と進化が必要なのです。

風の時代に求められるのは視野の広さです。何かに固執しすぎるのではなく、良いものはとり入れていこう、自分が間違っていると思ったら考え方を変えるなど、物事のバランスを見ながら軽く切り替えていくことが大事です。

現在はインターネットなどで瞬時に情報が手に入る時代です。これらの情報からピンときたものがあったら、まず何か行動してみてください。実践してみる、気になった人に会いに行く、習い始めるといった具合で、できることから動いてみましょう。こうして実際に動くことで自分が何を求めているか、どんなものが合っているかを見極めることができます。

そして、もし自分に合っていなかったらすぐ方向性を変える。一つのことにこだわりすぎず、自分の感性に従って生きていくことがその人の幸せを見つける道につながるでしょう。

龍神のなぞり描きも、風の時代に必要な感性を育むためには良い方法だと思います。

PART 7

あなただけの龍神を見つける「守護龍占い」

9つの龍神から
自分に関わりの深い龍神を知ることができる「守護龍占い」。
開運のポイントをお伝えします。

守護龍占いとは

愛新覚羅家は龍神と関わりが深く、私自身も人生の節目でその恩恵を度々受けてきました。龍神を自分の中に感じたり、龍神が良いご縁を運んできたり、常に助けられていることを感じています。

産婦人科医であった私の祖父は胎児のことをよく「龍体」といっていました。確かに胎児はくるんと丸まっていて、つるりとしていてどこか龍神を思わせる姿をしています。私たちは羊水という水の中で創造されます。「水」は龍神と関わりが深いため、私たちの中には生まれながらに龍神が宿っているともいえるのです。

それぞれの人に関わりの深い龍神を知るために私が考案したのが、風水と数秘術を組み合わせた「守護龍占い」です。守護龍のカラーは、金龍、黄龍、赤龍、紫龍、翡翠龍、黒龍、青龍、白龍、透明龍の全部で９色。９という数字は紫禁城の「九龍壁」や日本の「九頭龍伝説」などから龍神を象徴する数字です。

守護龍占いではあなたの性格、恋愛、金運などの他、おすすめの食べ物までをご紹介します。

あなただけの守護龍を知って運を呼び込みましょう。さらになぞり描きを守護龍カラーで描いたり塗ったり、それをお部屋に飾ったりすることであなたと守護龍とのつながりが深まり、開運に導いてくれます。

自分の守護龍の見つけ方

守護龍を見つけるには生年月日から引き出す天帝数を出していきます。まずはあなたの生年月日をバラバラにして、一桁ずつの数字にしましょう。そしてこの数字をすべて足していきます。合計が２桁の数字になったら、その数字もバラバラにして一桁になるまで足していってください。最後に出た一桁の数字が、あなたの天帝数となり、その数から守護龍を導き出します。

天帝数	守護龍	
1	金龍	P.100
2	黄龍	P.101
3	赤龍	P.102
4	紫龍	P.103
5	翡翠龍	P104
6	黒龍	P.105
7	青龍	P.106
8	白龍	P.107
9	透明龍	P.108

1982年3月14日生まれの場合

1＋9＋8＋2＋3＋1＋4＝28

2＋8＝10 → 1＋0＝1

天帝数は「1」となり、金龍が守護龍になります。

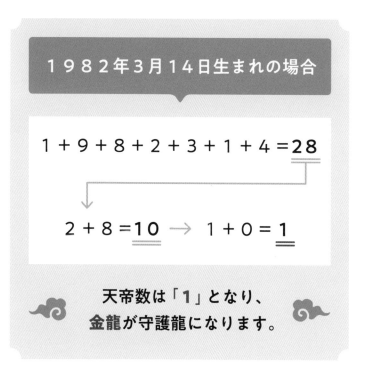

天帝数
1
守護龍
金龍

性格

リーダー気質で理想を現実化

リーダーシップと決断力に溢れ、目標達成への強い意志を持つ傾向があります。自己主張が強く、独立心が旺盛で自分の信念を貫き通します。目標に向かって突き進む情熱家ですが、時には頑固さや傲慢さを示すことも。敵をつくりやすい面もあります。また、人に頼ることが苦手なので悩みを一人で抱え込みやすい傾向があります。打ち明けられる人を身近に持つことが大事です。

恋愛

ドラマティックな恋愛を好む

熱しやすく冷めやすい短距離走型。ドラマティックな恋愛を好む傾向があり、恋愛に刺激を求めます。ただ、プライドが高いためアプローチは相手が自分をどう思っているかを探ってからという人も多いようです。波長の合う人が見つかれば結婚は早く、結婚することで運気も上昇していきます。長く恋愛期間を過ごすよりは、早めに結婚するか、お別れして別の人を探すかをはっきりさせたほうがうまくいきます。

金運

収入も支出もダイナミック

積極的に行動し、自己の能力や才能を生かして成功を築くことができます。そのためお金に困るということはないでしょう。ただ、入ってくるお金も多いけれど出ていくお金も多いのが特徴。プライドが高いためブランド品で身を固めたり、高級車を購入したり、浪費をしやすい傾向もあります。家を買う、お金を貯めて投資をするなど目標を決めることで、貯蓄する習慣もできてくるでしょう。

開運フード

オレンジ、グレープフルーツ、レモンなどの柑橘系。
柑橘系は金運アップにも良いといわれています。

天帝数
2
守護龍
黄龍

性格

人の気持ちを察することが得意

「ハッピーオーラ満開」の愛され上手。感受性が豊かで、他者の感情やニーズを理解しようとすることが得意です。優しい性格であり、人当たりも抜群で、穏やかなムードが人を惹きつけます。豊かな感受性を持っているため、美容、健康、美術、ファッション、音楽など「美」に関する分野に関わっている人も多いです。ただし、その優しさを利用しようとする人もいるため、つけ込まれないように気をつけましょう。

恋愛

一途に愛する人を思い続ける

愛情深く一人の人と長くつき合うことを望むタイプです。学生時代からつき合ってゴールインというケースもあるでしょう。異性からも好かれますが、優柔不断ゆえに相手に同情してズルズルとつき合ってしまうと運気を落とします。相手にしっかりと向き合い、自分の意志を伝える、そして必要なときには決断することが大事です。一途さゆえに結婚詐欺などに陥ることもあるので、おかしいと感じたら信頼できる人に相談しましょう。

金運

金銭感覚のバランスの良い節約派

堅実にコツコツと貯金をしていくタイプです。お金の使い方のバランスは良く、危機管理もしっかりできるほうです。人のために使うお金も惜しまない傾向があり、嬉しい気持ちをプレゼントなどで表現することでますます目上の人に可愛がられます。感受性が強く「美」や「健康」などの分野にお金をかける傾向があります。この分野はお金をかけるときりがないので、しっかりと精査するようにしましょう。

開運フード

ごぼう、れんこん、かぼちゃ、いもなどの根菜類。
根菜は蓄えや安定収入といった意味を持っています。

天帝数 3

守護龍

赤龍

性格

スピーディーな行動力がある

行動力があって常に動き回っているアクティブなタイプ。面白い情報、トレンドなどをキャッチするのも早く、好奇心旺盛です。常識にとらわれない半面、社会に馴染めず苦労することもあります。結果を求めるためスピーディーに行動しますが面倒なことは苦手。何でもすぐにあきらめず、着々と遂行することを意識すると運気が上昇します。おしゃべりで一人で話しすぎる傾向があるので、時には聞き役に徹しましょう。

恋愛

軽めなおつき合いを好む

積極的で新しい恋を見つけるのが得意。相手を楽しませるのが好きでサービス精神旺盛です。恋愛してもベッタリとずっと一緒にいるというのは苦手で、友達以上恋人未満のようなサラッとしたおつき合いを好みます。趣味や興味の範囲が幅広く、恋人より楽しいことを優先することが多いので、それが原因で相手から愛想をつかされることもあります。ただ、失恋しても長くひきずるほうではないでしょう。独身貴族を貫くタイプも多いです。

金運

つき合い上手で楽しいことが大好き

おつき合いを大事にするため、飲み会やパーティー、ゴルフやサークル活動などには金銭を惜しみません。堅実に貯金するタイプではありませんが、大きな借金をすることもないでしょう。人とのつき合いから収入につながることも多いのですが、儲け話などに乗ると金銭を失いやすいので投資などに関してはしっかりと精査しましょう。大人数で楽しめるレジャーや良い体験ができる旅行などにお金をかけると運気アップにもつながります。

開運フード

トマト、りんご、いちご、パプリカなどの赤系の食材。
赤は金運や勝負運を高めてくれます。

天帝数 4

守護龍

紫龍

性格

責任感の強い優等生タイプ

真面目で完璧主義、任されたことは最後まで遂行し、コツコツと努力を積み重ねる努力家です。頭脳明晰で分析力も高いため、頼られることも多いでしょう。期待に応えようと頑張りすぎてストレスが溜まってしまうことも多いので注意してください。人に気を使いすぎたり、言いたいことを我慢してしまう傾向もあります。石橋を念入りにたたくほど慎重で、決断まで時間がかかりすぎてチャンスが来たときは逃さないように気をつけましょう。

恋愛

恋は時間をかけて育てます

恋に関しては受け身タイプ。傷つくのを恐れるところがあるため、相手からアプローチがあるのを待つほうです。相手が本当に信頼できるか慎重に様子を見ながら、徐々に時間をかけて愛を育んでいきます。一度好きになるとずっと相手を思うことが多く、片思いのまま長い時間を過ごし、時間を無駄にしてしまうことも。結婚してからは穏やかで真面目な性格が功を奏し、円満な家庭を築くことができるでしょう。

金運

倹約家で無駄遣いを嫌う

子どもの頃からコツコツとお小遣いを貯めてきた倹約家。無駄遣いが嫌いでお金を使うべきところと節約するべきところをきちんとわきまえています。車や家、子どもの教育費など、将来的にプラスになるところにはしっかりとお金をかけます。物持ちも良いほうで、財布やバッグなどは長年使い続けます。アンティークを好む傾向があり、良いものを長く使うほうです。

開運フード

紫キャベツ、紫いも、ワイン、なすなどの紫系の食材。
紫は金運の中でもお札との相性が良い色です。

天帝数
5

守護龍

翡翠龍

性格

常識にとらわれない感性を持つ自由人

感受性豊かで自由をこよなく愛する人。常識に当てはめられることなく、自分だけのアイデアや才能で頭角を現していきます。常に理想や発展を考えながらも周囲とのバランスをとることも上手。そのための努力も惜しみません。どんな経験でも次に生かして成長していく人なので、望む現実を手に入れることができるでしょう。ただ、理想が高いので自分の意見を他人に押しつけすぎないように注意しましょう。

恋愛

ドラマティックな恋愛を好む

恋愛に関しても固定観念にとらわれることなく、情熱のままに突き進みます。一つの恋愛でうまくいかなくてもそれを糧に成長していくタイプなので、経験を積みながら自分に合ったパートナーを見つけていきます。ただし、恋愛にも理想を求めるので、実際につき合ってみると気持ちが冷めてしまったり、理想の相手になかなか出会えなかったりすることもあります。時には周囲の意見を素直に聞くようにすることで恋愛運はアップします。

金運

投資の勉強をするのがおすすめ

才能やアイデアが溢れる人なのでその特性を生かせば成功する可能性が高いでしょう。株式や不動産など、お金を増やすということも得意分野なので、マネー系に関しての知識をつけていくこともおすすめです。ただし、借金をしてもその理想をかなえようとするため、お金を使いすぎる傾向もあります。クレジットカードなどは持ちすぎないように気をつけて、家計簿でしっかり管理することをおすすめします。

開運フード

マスカット、キャベツ、ピーマンなどの緑系の食材。
緑系の食べ物は水分と食物繊維が多いものが多く美容にもおすすめ。

天帝数
6

守護龍

黒龍

性格

ボランティア精神に溢れる優しい人

情に厚く、困った人がいると放っておけない性格です。面倒見がよく、まわりの人をほっと癒します。慈愛の人で人に奉仕して、喜んでもらえることを生きがいにするため、子どもや老人を相手にする仕事を選ぶ人も多いです。人の気持ちがわかる半面、共感しすぎてしまうと自分まで辛くなってしまうので、行きすぎないように気をつけましょう。組織の中では縁の下の力持ちとして重宝されます。

恋愛

愛情深く一人の人に尽くすタイプ

優しく思いやりに満ちた心を持つため、相手に尽くす傾向があります。相手も同じように尽くしてくれる人だと最高の関係を築けるでしょう。相手のことを第一に考えるために自分の気持ちを抑えてしまうことも多く、時にはストレスが溜まってしまうことも。また、寂しがり屋なので思うように会えないと不安を感じてしまいます。時には自分の正直な気持ちを相手にぶつけてみるようにしましょう。

金運

貯金を意識しなくても貯めやすい

暮らしに派手さを求めず、見栄を張るということもないので、余計な出費は少ないほうです。良くも悪くもお金に無頓着。意識しなくても貯金が貯まりやすいのですが、半面お金への関心のなさから気がついたら貯金がないということも。定期積立のような意識しなくても貯めやすい貯蓄法が合っています。奉仕精神が強く、求められていること以上の仕事をしようとしますので、年齢とともに信頼が厚くなり、収入が安定していく傾向にあります。

開運フード

ごま、ひじき、黒豆、ブルーベリーなどの黒系の食材。
黒系の食材は健康や長寿に良いものが多いので積極的に摂りましょう。

天帝数 7

守護龍

青龍

性格

自分の世界を大切にする一匹狼タイプ

マイペースで個性的、自分の世界を大事にする人です。鋭い直観力を持ち、天才肌なので興味があることにはとことん追求していくタイプ。得意な分野で専門職に就くと、本領を発揮できそうです。人に対してあまり興味がなく、人づき合いにはあまり積極的になれないほうですが、まわりから見るとそこがミステリアスで魅力的に感じられるようです。博愛主義的な面が強く出ると、要領よく人間関係を築いていけるでしょう。

恋愛

本気になったら一途にアプローチ

気持ちを表現するのが苦手で「寂しがり屋の一人好き」といった面があります。恋愛に関しては興味のない相手には見向きもしませんが、興味がある相手には様子を見ながら上手にアプローチする駆け引き上手な面も持ち合わせています。本気になったら一途で、長期作戦で相手を振り向かせるために時間をかけることもあります。人間関係に不器用なので、包容力があって自分を受け止めてくれるタイプと相性が良いでしょう。

金運

大きなお金を動かしていくことができる

遺産相続や不動産など、生まれつき金運に恵まれやすい傾向があります。もとから持つ資産をさらに投資することもありますが、ハイリスクハイリターンの運気を持っているので、のめり込みすぎには注意が必要です。基本的に大きいお金を動かす運を持っている人なので、あまりこまごまと節約したり、お金を貯め込みすぎたりしないほうが良いです。好きなことで稼いでいける運気も持っているので、情熱の傾くことに積極的に挑戦していきましょう。

開運フード

枝豆、ブロッコリースプラウト、ハーブなどの青緑系で香りが強い食べ物、芽や種子の食材。抗酸化作用があるため健康維持にもおすすめ。

天帝数

8

守護龍

白龍

性格

しっかり者で完璧主義

礼儀正しく、常識的、伝統を重んじる堅気な気質を持ちます。心の器も広く包容力があるため、上からは引き立てられ、下からは慕われるでしょう。きちんとした信頼できる人というイメージが強いと思います。ただ、無駄が嫌いで、要領が悪い人を見るとイライラしてしまいます。少し潔癖症なところもあるので、子どもや部下、後輩などにあまり細かいことを指摘しすぎないように気をつけましょう。

恋愛

情熱的で障害があるほど燃えるタイプ

恋愛には積極的なタイプで主導権を握りたがります。合わせてくれるような相手のほうが相性は良いでしょう。しっかり者でいかにも頼れるタイプなので、あなたに惹かれる人も多いと思います。情熱的な面があり、障害が多いほど燃えるという面もあります。時には相手にパートナーがいても強引にアプローチしていくという一面も。恋愛にのめり込みそうなときは、ひと息ついてバランスをとるようにしましょう。

金運

金運が強く豊かさが自然に手に入る

強い金運を持ち、お金に困ることがないタイプ。自営業や経営者が多いため、金融機関から大きな借り入れをすることも多いですが、その借金も返していける強運の持ち主です。相続の話が舞い込んだり、ギャンブルで圧勝したり、予想もしなかったようなお金に恵まれやすいのも特徴。服装などは節約しすぎずなるべく上質なものを身につけるようにすると、生まれながらの品格を持つあなたの魅力が引き立つでしょう。

開運フード

卵、米、小麦、ふわふわした白系の食材。
白系の食材は邪気を払い、浄化を促す作用があります。

天帝数

9

守護龍

透明龍

性格

繊細で人の気持ちに寄り添える

とても繊細で思いやり溢れる性格です。人の気持ちに敏感なため、打ち解けるのに時間がかかりますが、いったん心を開くととても人懐っこくなります。流されやすい傾向があり、環境に染まりやすいため、どんな環境に自分の身を置いたら良いかについては注意を払う必要があります。スピリチュアルな能力を持つ人も多く、人のために尽くしたいほうなので、医療や薬学、ヒーリング系の分野で活躍する人も多いです。

恋愛

見返りを求めず自ら愛する献身型

恋愛に関しては献身的で見返りを求めないタイプ。片思いを長く続ける人もいれば、寂しがり屋のため何人かと並行してつき合う人もいます。アニメや漫画の登場人物に入れ込んで「推し活」に力を入れている人も。恋愛は生活に潤いを与えてくれる半面、のめり込みすぎると仕事に身が入らなくなってしまうので、バランスをとるように注意しましょう。つき合う人は心優しく穏やかな人なら、気持ちも安定し、運気もアップします。

金運

お金にあまりこだわりがない

お金に対する執着心があまりないため、貯金や投資に積極的ではないでしょう。生活や趣味を楽しめればそれで良いというタイプです。将来を見据えた金銭管理はあまり得意でないので、病気になったときなどに備えて最低限の保険などは用意しておくことをおすすめします。また、金銭管理が得意でないと思ったら、信頼できるパートナーや親族にお任せする方法も。自分の才能を生かした仕事に就くと金運が安定します。

開運フード

ゼリー、こんにゃく、ミネラルウォーターなどの透明・半透明の食材。
透明の食べ物は体の気を整えてくれます。

飾るのにおすすめの場所は？

なぞり描きを自分の守護龍のカラーでなぞったり、色を塗ったりしたあとは、お部屋に飾ってみましょう。

飾る場所は、龍は注目を集めるのが大好きなので、人が集まる場所であるリビングがおすすめ。人の気が多いにぎやかな場所は「陽」の気が溢れているので龍神も喜びます。

また、寝室に飾るのも良いと思います。龍神に守られているような気がして落ち着いてぐっすり眠れるでしょう。

逆に飾っていけない場所としては、トイレや洗面所など水気の多いところはNGです。龍は水と関連の深い神様ではありますが、水気があって湿気の多いところは「陰」の気が強いのです。

絵をきれいに保管したい

絵をきれいに長期間保管したいなら、額に入れるのがおすすめ。額に入れるだけで絵の持つ存在感もアップします。そのまま飾る場合で、なぞり描きにパステルや色えんぴつなど粉の飛ぶ塗料を使ったときは、フィキサチフ（パステル専用定着液）という塗料を定着させるスプレーをかけておくと色落ちしにくくなります。ラミネート加工も長く保管するのには適しています。

column

龍神のパワーが宿る「龍神祝詞」

日本では昔から「言霊」といって、言葉には魂が宿ると考えられてきました。「言霊」の中でもとりわけ霊的なエネルギーを持つ言葉を「真言（しんごん）」といいます。

真言には唱えるだけで現実を変える強いパワーがあるといわれています。そして龍の真言としてエネルギーが高いのが「龍神祝詞（りゅうじんのりと）」です。

龍神祝詞

高天原《たかまがはら》に坐《ま》し坐《ま》して
天《てん》と地《ち》に御働《みはたら》きを現《あらわ》し給《たま》う龍王《りゅうおう》は
大宇宙根元《だいうちゅうこんげん》の御祖《みおや》の御使《みつか》いにして
一切《いっさい》を産《う》み一切《いっさい》を育《そだ》て
萬物《よろずのもの》を御支配《ごしはい》あらせ給《たま》う王神《おうじん》なれば
一二三四五六七八九十《ひふみよいむなやこと》の十種《とくさ》の
御寶《みたから》を己《おの》がすがたと変《へん》じ給《たま》ひて
自在自由《じざいじゆう》に天界地界人界《てんかいちかいじんかい》を治《おさ》め給《たま》う
龍王神《りゅうおうじん》なるを尊《とうと》み敬《うやま》いて
眞《まこと》の六根《むね》一筋《ひとすじ》に御仕《みつか》え申《まお》すことの由《よし》を受《う》け引《ひ》き給《たま》ひて
愚《おろ》かなる心《こころ》の数々《かずかず》を戒《いまし》め給《たま》ひて
一切衆生《いっさいしゅじょう》の罪穢《つみけが》れの衣《ころも》を脱《ぬ》ぎさらしめ給《たま》ひて
萬物《よろずのもの》の病災《やまいわざわい》をも立所《たちどころ》に祓《はら》ひ清《きよ》め給《たま》ひ
萬世界《よろずせかい》も御祖《みおや》のもとに治《おさ》めせしめ給《たま》へと
祈願奉《こいねがいたてまつ》ることの由《よし》をきこしめして
六根《むね》の内《うち》に念《ねん》じ申《まお》す大願《たいがん》を成就《じょうじゅ》なさしめ給《たま》へと
恐《かしこ》み恐《かしこ》み白《まお》す

※引用先 物部神道祝詞集　道幸龍現　発行：合資会社諸葛孔明

龍神祝詞には、「龍神はすべてのものを支配する王様のような存在です。生きとし生けるものの罪穢れやあらゆるものの病や災いを祓い、世界をお治めくださいますように。そして、私の心の中にある大きな願いが成就するように畏れ多くもお願い申し上げます」という意味が込められています。

お気に入りの龍神アートにお水を供えて、二拝二拍手一拝ののちにこの祝詞を音唱すると、さらに龍からの浄化のパワーを恵んでいただけるでしょう。

Ryujin nazorigaki

巻末付録

切って飾れる
龍神アート&カード

ページごと、はさみやカッターで切りとって

お部屋に飾れる龍神アート&カード。

お気に入りの場所に飾って、龍神さまとのつながりを深めましょう。

切って飾れる龍神アート＆カードの使い方

なぞり描きした龍神の絵を切りとってお部屋に飾れます。

裏面のメモには、描いた日付や作品名、
そのときに感じたことを書き入れたり、
誰かにプレゼントするのであれば
メッセージを書き込んでもOK。

最後のページの４枚のカード状の龍神は、
手帳などに挟んで持ち歩いて
お守り代わりにするのもおすすめです。
毎日の生活の中で龍神をより身近に感じるために
自由にお使いください。

Title：

Date：　　.　　.

Title:

Date :　　.　　.

Title：

Date：　　.　　.

Title：

Date：　　.　　.

Title:

Date: . .

Title:

Date: . .

Title:

Date :　.　.

Title:

Date :　.　.

Title:

Date :　.　.

Title:

Date :　.　.

Profile

龍神画家《りゅうじんがか》　弥生《やよい》

多摩美術大学卒。イラストレーターとして活動している中、突然、「龍を描かなければならない」と天啓を受け、龍神画家として活動を始める。ドラゴン・マスターSHINGO氏との、「ドラゴンクリスタルチャネリングカード」の制作を機に、一気に龍神画家として駆け上がる。龍や神様を降ろしながら描く作品は、魂が宿るといわれ、個展では、多くの来場者が作品の前で涙する姿が見られる。また、作品を手にした方からは､「人生が変わった｣「大きな仕事が来た」「自分自身の変化が信じられない」と奇跡を体感した声を多数いただく。現在は、日本中の聖地を回り、その地のエネルギーをダイレクトに描く。新しいオラクルカードの制作にも力を入れている。

著書に『ドラゴンクリスタルチャネリングカード』（株式会社林武利）がある。

奉納実績
北海道、金吾龍神社。山梨県、北口本宮冨士浅間神社。新潟県、高龍神社。石川県、宝泉寺。山梨県、新屋山神社。

公式ホームページ：
http://ryujingaka-yayoi.com
公式サイト・最新情報はこちら▶

愛新覚羅《あいしんかくら》ゆうはん

作家・デザイナー・
開運ライフスタイルアドバイザー（占い・風水）

中国黒龍江省ハルビン市生まれ。映画『ラストエンペラー』で知られる清朝の皇帝・愛新覚羅一族の流れをくむ。5歳のときに来日し、桑沢デザイン研究所を卒業後、北京大学医学部に留学。幼少期から備わっていた透視能力に加え、東洋・西洋あらゆる占術に精通し、古神道歴は20年以上。占い・風水師として当初鑑定していた医療・教育関係者の間で話題となり、20年で延べ25,000人以上を鑑定。「人と運」の関係性を独自に研究しながら、中小企業向けの講演会や暦を生かしたセミナーや神社アテンドのイベントは全国で満員が相次ぐ。2020年より陶器上絵付け作家として国立新美術館で作品展示をするなど、多岐にわたって活動をしている。

著書に『いちばんやさしい風水入門』（ナツメ社）、『腸開運』（飛鳥新社）、『お金の引き寄せ方は魂だけが知っている』『一番わかりやすいはじめてのイーチンタロット』（ともに日本文芸社）などがある。累計14冊22万部超(2024年時点)。

公式ホームページ：
http://aishinkakura-yuhan.com/
公式サイト・お得な情報はこちら▶

カバー・本文デザイン　星野由夏（有限会社アイル企画）
イラスト　龍神画家弥生（P.11、P.15、P.30 ～ 31）、根岸美帆（P.17、P.20 ～ 23、P.60）
編集協力　濱田麻美
校　正　聚珍社

風水《ふうすい》&守護《しゅご》龍《りゅう》占《うらな》いで超開運《ちょうかいうん》　龍神《りゅうじん》なぞり描《が》き

2024年3月1日　第1刷発行

監修者　愛新覚羅《あいしんかくら》ゆうはん
作　画　龍神画家《りゅうじんがか》 弥生《やよい》
発行者　吉田芳史
印刷所　株式会社光邦
製本所　株式会社光邦
発行所　株式会社　日本文芸社
〒100-0003　東京都千代田区一ツ橋1-1-1　パレスサイドビル8F
TEL　03-5224-6460（代表）
内容に関するお問い合わせは、小社ウェブサイトお問い合わせフォームまでお願いいたします。
URL　https://www.nihonbungeisha.co.jp/

Printed in Japan 112240220-112240220 Ⓝ01（310098）
ISBN978-4-537-22183-1

（編集担当：藤澤）